Gelassenheit

MALBUCH FÜR ERWACHSENE

Gelassenheit

MALBUCH FÜR ERWACHSENE

h.f.ullmann

ISBN 978-3-7415-2171-3

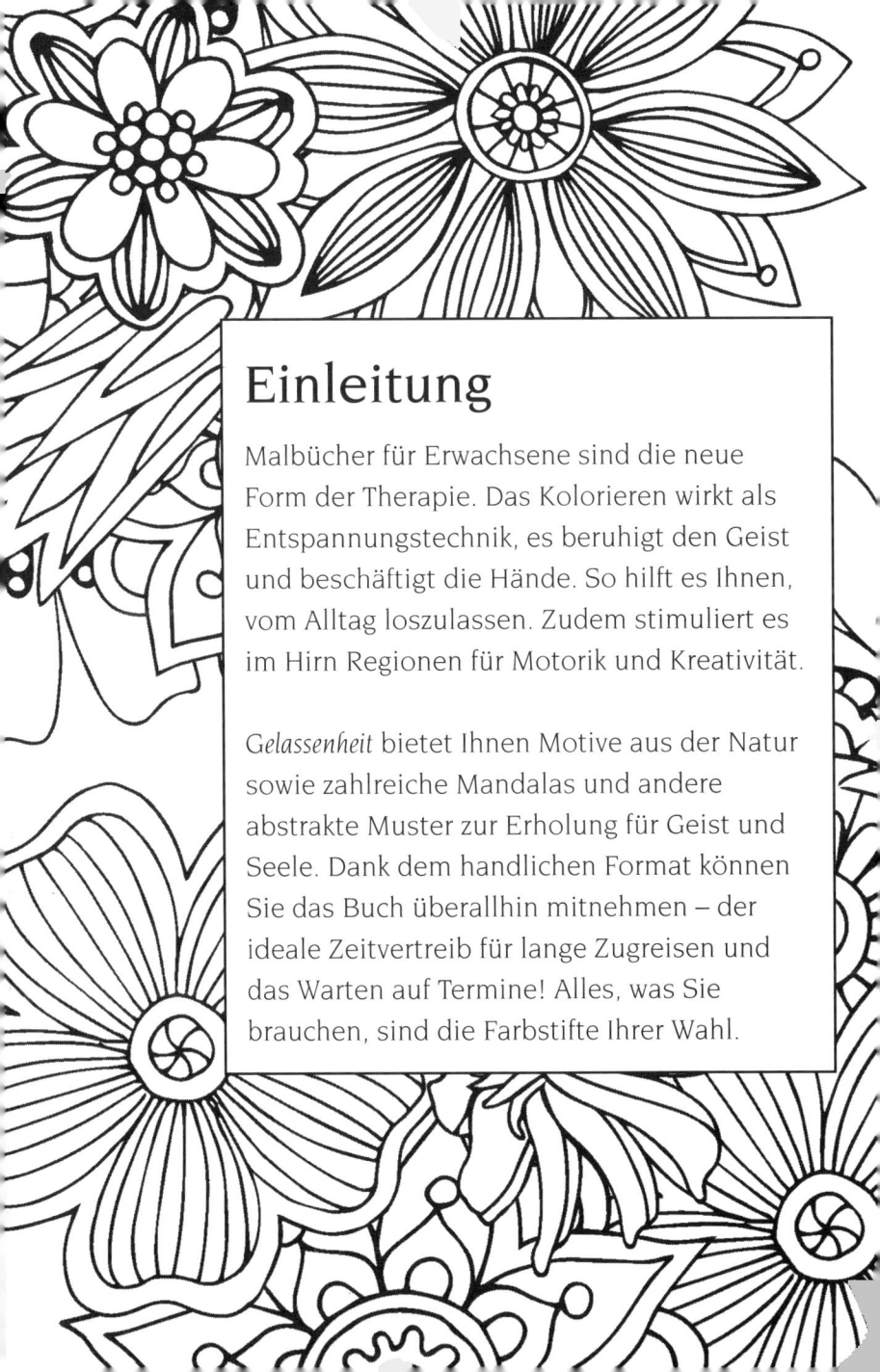

Einleitung

Malbücher für Erwachsene sind die neue Form der Therapie. Das Kolorieren wirkt als Entspannungstechnik, es beruhigt den Geist und beschäftigt die Hände. So hilft es Ihnen, vom Alltag loszulassen. Zudem stimuliert es im Hirn Regionen für Motorik und Kreativität.

Gelassenheit bietet Ihnen Motive aus der Natur sowie zahlreiche Mandalas und andere abstrakte Muster zur Erholung für Geist und Seele. Dank dem handlichen Format können Sie das Buch überallhin mitnehmen – der ideale Zeitvertreib für lange Zugreisen und das Warten auf Termine! Alles, was Sie brauchen, sind die Farbstifte Ihrer Wahl.

Die Gelassenheit ist eine anmutige
Form des Selbstbewusstseins.

Marie von Ebner-Eschenbach

Die Schildkröte gewinnt das Rennen,
während der Hase schläft.

Aesop

Menschliches Glück stammt nicht so sehr aus großen Glücksfällen, die sich selten ereignen, als vielmehr aus kleinen glücklichen Umständen, die jeden Tag vorkommen.

Benjamin Franklin

Lache das Leben an! Vielleicht lacht es wider.

Jean Paul

Feuer an sich ist weder gut noch böse. Wärmt es uns, so freuen wir uns an ihm, brennt es uns, so sind wir ihm gram. - Ebenso verhält es sich mit der Welt.

Swami Vivekânanda

Das Glück wohnt nicht im Besitze und nicht im Golde, das Glücksgefühl ist in der Seele zu Hause.

Demokrit

Wer mit sich selbst im Frieden lebt,
denkt von niemandem Arges.

Thomas von Kempen

Man will nicht nur glücklich sein, sondern glücklicher als die anderen. Und das ist deshalb so schwer, weil wir die anderen für glücklicher halten, als sie sind.

Charles de Montesquieu

Gegen Schmerzen der Seele gibt es nur zwei Heilmittel: Hoffnung und Geduld.

Pythagoras

Das erste sichere Kennzeichen einer gesunden Seele ist die Ruhe des Herzens und ein inwendig gefühltes Vergnügen.

Edward Young

Das Heraufsteigen der Leiter geht nur Stufe um Stufe.

Arabisches Sprichwort

Wenn ich 1000 Ideen hätte und nur eine sich als gut erweisen würde, wäre ich zufrieden.

Alfred Nobel

Tue das Gute vor dich hin und bekümmere
dich nicht, was daraus werden wird.

Matthias Claudius

Sei nicht allzu ängstlich, was deine Handlungen angeht. Das ganze Leben ist ein Experiment.

Ralph Waldo Emerson

Als ich meine Seele fragte, was die Ewigkeit
mit den Wünschen macht, die wir sammelten,
da erwiderte sie: „Ich bin die Ewigkeit!"

Khalil Gibran

Wer lächelt, statt zu toben, ist immer der Stärkere.

Japanisches Sprichwort

Ein Gegenstand, der vollkommen schön ist, regt den Künstler nicht an. Es fehlt ihm das Unvollkommene.

Oscar Wilde

Dem Einfluss des Meeres und der Luft
widerstrebt der finstere Sinn umsonst.

Friedrich Hölderlin

Wenn man die Ruhe nicht in sich selbst findet,
ist es vergeblich, sie anderswo zu suchen.

François IV. Duc de La Rochefoucauld

Eine angeborene Neigung und Richtung kann keiner ändern, und um zufrieden zu leben, muss jeder, was ihm lieb ist, auf eigenem Wege suchen.

Carl Ludwig Börne

Geduld verlieren heißt Würde verlieren.

Indisches Sprichwort

Sonnenschein ist köstlich, Regen erfrischend,
Wind fordert heraus, Schnee macht fröhlich;
im Grunde gibt es kein schlechtes Wetter,
nur verschiedene Arten von gutem Wetter.

John Ruskin

Um Gelassenheit und Festigkeit zu erwerben, gibt es nur ein Mittel: die Liebe, die Liebe zu deinen Feinden.

Leo Tolstoi

Fürchte dich weniger, hoffe mehr, iss weniger, kaue mehr, jammere weniger, atme mehr, rede weniger, liebe mehr – und alle guten Dinge werden dein sein.

Schwedisches Sprichwort

Humor ist der Schwimmgürtel auf dem Strom des Lebens.

Wilhelm Raabe

Ruhe ist eine Eigenschaft, die herangebildet und nach und nach erworben werden kann, aber die Schule der Ruhe bist immer du selbst.

Prentice Mulford

Ärgere dich nicht über die Widerwärtigkeiten des Lebens; sie sind dazu da, dich aus deinem bequemen Gleichgewicht zu werfen und zu verhindern, daß du dir selbst zur Gewohnheit wirst.

Matthäus Koch

Die Freiheit des Menschen liegt nicht darin, dass er tun kann, was er will, sondern dass er nicht tun muss, was er nicht will.

Jean-Jacques Rousseau

Man schlinge Wissen nicht wie Grütze,
Man nehme nur, was einem nütze.

Henrik Ibsen

Ach, der unselige Ehrgeiz, er ist ein Gift für alle Freuden.

Heinrich von Kleist

Schön ist eigentliches alles, was man mit Liebe betrachtet.

Christian Morgenstern

Die Trauer hat die glückliche Eigenschaft,
sich selber aufzuzehren. Sie stirbt Hungers.

August Strindberg

Die Ruhe ist eine liebenswürdige Frau und wohnt in der Nähe der Weisheit.

Epicharmos

Ist man in kleinen Dingen nicht geduldig, bringt man die großen Vorhaben zum Scheitern.

Konfuzius

Glücklich wenn die Tage fließen, wechselnd zwischen Freud und Leid, zwischen Schaffen und Genießen, zwischen Welt und Einsamkeit.

Johann Wolfgang von Goethe

Manche Menschen sehen die Dinge, wie sie sind, und fragen: „Warum?" Ich wage, von Dingen zu träumen, die es niemals gab, und frage: „Warum nicht?"

Robert Browning

Geduld bringt Frieden. Wer Geduld hat, besitzt
sich selbst. Wer sich selbst nicht besitzt, ist arm.

Raimundus Lullus

Das eben geschieht den Menschen, die in einem Irrgarten hastig werden: Eben die Eile führt immer tiefer in die Irre.

Lucius Annaeus Seneca

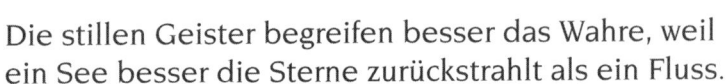

Die stillen Geister begreifen besser das Wahre, weil ein See besser die Sterne zurückstrahlt als ein Fluss.

Théodore Jouffroy

Morgens die Sonne erwarten, abends die Nacht.
Das ist alles.

Peter Altenberg

Wer aufmerksam zuhört, vernünftig frägt, gelassen antwortet und zu sprechen aufhört, wenn er nichts mehr zu sagen hat, ist im Besitze der nötigsten Eigenschaft, die das Leben erheischt.

Johann Kaspar Lavater

Manche leugnen den Jammer durch Hinweis auf die Sonne, er leugnet die Sonne durch Hinweis auf den Jammer.

Franz Kafka

Das Lächeln erhält uns vernünftiger als der Verdruss.

Gotthold Ephraim Lessing

Humor und Geduld sind zwei Kamele,
mit denen du durch jede Wüste kommst.

Arabisches Sprichwort

Wer die Geduld verliert, verliert die Kraft.

Aurelius Augustinus

Wenn Wissen und Gelassenheit sich gegenseitig ergänzen, entstehen Harmonie und Ordnung.

Dschuang Dsi

Ruhe ist Bedingung der Kultur.

Friedrich von Schiller

Die schlimmsten Fehler macht man in der Absicht, einen begangenen Fehler wieder gutzumachen.

Jean Paul

Es ist besser, ein einziges kleines Licht anzuzünden, als die Dunkelheit zu verfluchen.

Konfuzius

Man muss Glück teilen, um es zu multiplizieren.

Marie von Ebner-Eschenbach

Oft verliert man das Gute, wenn man das Bessere sucht.

Pietro Metastasio

Muße ist der schönste Besitz von allen.

Sokrates

Die Fähigkeit, friedlich inmitten verstockter und verderbter Menschen zu leben, ist eine Gnade und äußerst rühmenswert.

Thomas von Kempen

Große Dinge ereignen sich nicht mittags
um zwölf Uhr zehn. Sie wachsen langsam.

Kurt Tucholsky

Wer gelernt hat, sich von der Herrschaft des Ärgers zu befreien, wird das Leben viel lebenswerter finden.

Euripides

Der Natur ist so viel abzulernen: die Ruhe,
die Unermüdlichkeit, die stete Produktion,
die Dauer im Wechsel, die Grandiosität,
die fortbildende Entwicklung.

Ernst Freiherr von Feuchtersleben

Nur diejenige Verworrenheit ist ein Chaos,
aus der eine Welt entspringen kann.

Friedrich Schlegel

Alles hat seine Tiefen. Wer Augen hat, sieht alles in allem.

Georg Christoph Lichtenberg

Ich kenne wenige Weltverbesserer, die imstande sind, einen Nagel richtig einzuschlagen.

Henrik Ibsen

Zufriedenheit mit seiner Lage ist
der größte und sicherste Reichtum.

Marcus Tullius Cicero

Wer ständig glücklich sein möchte, muss sich oft verändern.

Konfuzius

Wer nicht auf seine Weise denkt, denkt überhaupt nicht.

Oscar Wilde

Alles, was man tun muß, ist, die richtige Taste zum richtigen Zeitpunkt zu treffen.

Johann Sebastian Bach

Gleich wie der Schlaf dem Leib wohltut,
so kommt Freude dem Gemüt zugut.

Johann Friedrich Fischart

Man muss eben immer älter werden, immer stiller, und endlich einmal etwas schaffen.

Paula Modersohn-Becker

Unser größter Ruhm ist nicht, niemals zu fallen, sondern jedes Mal wieder aufzustehen.

Ralph Waldo Emerson

Für jeden kommt der Augenblick,
wo alles ausgeglichen, alles gut ist.

Wilhelm Raabe

Ein Scherz, ein lachendes Wort entscheidet über größte
Dinge oft treffender und besser als Ernst und Schärfe.

Horaz

Mit Ausdauer erreichte die Schnecke die Arche.

Charles Haddon Spurgeon

Das Glück der Menschen liegt nicht in Geld und Gut, sondern es liegt in einem Herzen, das eine wahrhafte Liebe und Zufriedenheit hat.

Adolph Kolping

Auch der erste Schritt gehört zum Wege.

Arthur Schnitzler

Achte auf das Kleine in der Welt, das
macht das Leben reicher und zufriedener.

Carl Hilty

Seelenruhe, Heiterkeit und Zufriedenheit
sind die Grundlagen allen Glücks, aller
Gesundheit und des langen Lebens.

Christoph Wilhelm von Hufeland

Man kann nicht denken, wenn man es eilig hat.

Platon

Der letzte Ernst aller Dinge ist heiter.

René Schickele

Ein Optimist ist ein Mensch, der ein Dutzend Austern bestellt, in der Hoffnung, sie mit der Perle, die er darin findet, bezahlen zu können.

Theodor Fontane

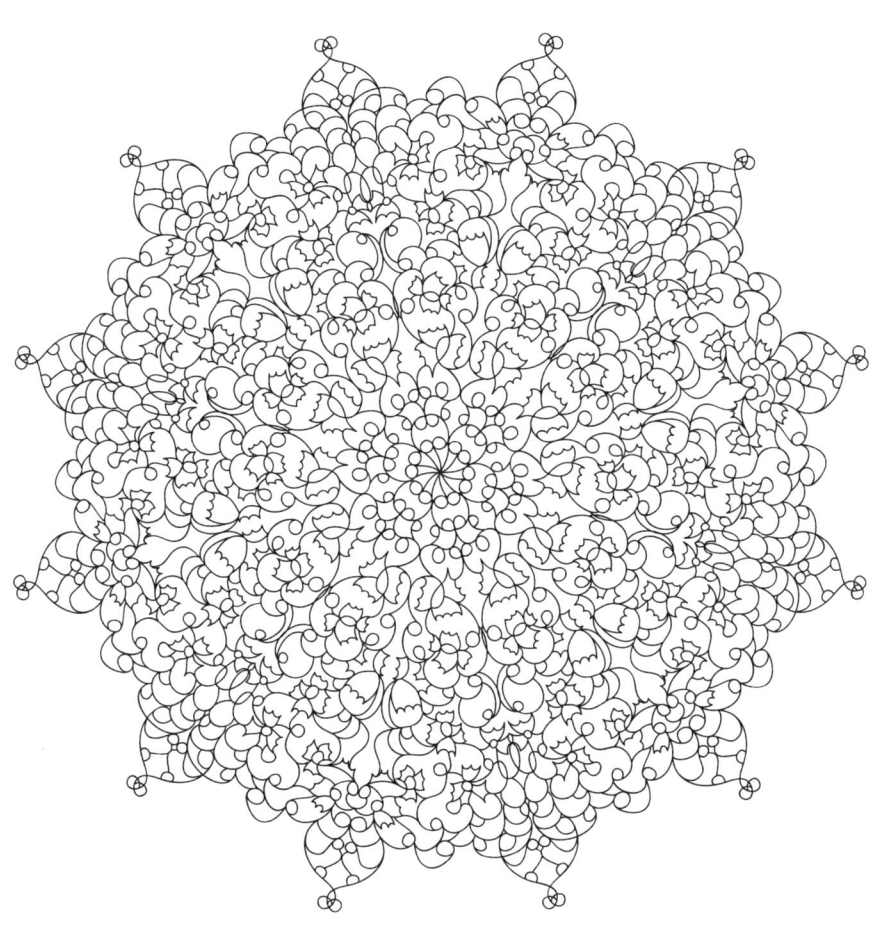

Das schöne Blau der Luft wird durch die
Dunkelheit hervorgerufen, die dahinter ist.

Leonardo da Vinci

Wir streben über uns hinaus, weil
wir nicht wissen, wozu wir fähig sind.

Michel de Montaigne

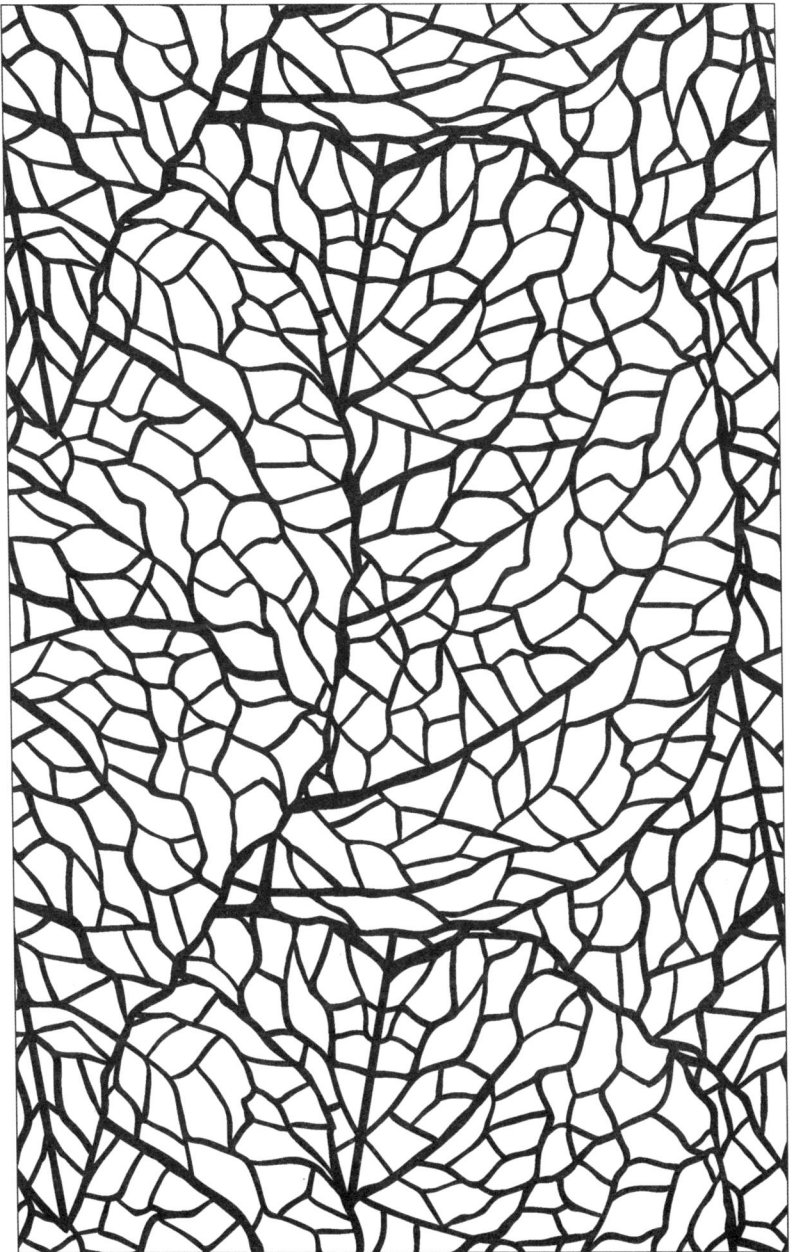

Das Aussortieren des Unwesentlichen
ist der Kern aller Lebensweisheit.

Laotse

Mehr als Frieden in sich kann auch der Größte nicht haben.

Otto von Leixner

Monde und Jahre vergehen, aber ein schöner Moment leuchtet das Leben hindurch.

Franz Grillparzer

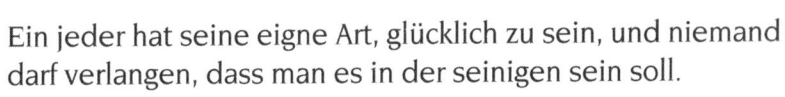

Ein jeder hat seine eigne Art, glücklich zu sein, und niemand darf verlangen, dass man es in der seinigen sein soll.

Heinrich von Kleist

Strebe nach Ruhe, aber durch das Gleichgewicht,
nicht durch den Stillstand deiner Tätigkeit.

Friedrich von Schiller

Das Ende aller Philosophie ist, über die Welt und das Leben heiter lächeln zu können. Das hört sich banal an und ist doch so schwer in der Ausführung.

Jakob Boßhart

Glücklich ist, wer vergisst, was nicht mehr zu ändern ist.

Karl Haffner / Richard Genée
(*Die Fledermaus*)

Nenne dich nicht arm, weil deine Träume nicht in Erfüllung gegangen sind. Wirklich arm ist nur, wer nie geträumt hat.

Marie von Ebner-Eschenbach

Dumme rennen, Kluge warten, Weise gehen in den Garten.

Rabindranath Thakur

Alle Menschen sind klug – die einen
vorher, die anderen nachher.

Voltaire

Die Liebe hat zwei Töchter: die Güte und die Geduld.

Italienisches Sprichwort

Es ist nichts schwerer, als mit sich selbst Geduld
haben – seine eigene Schwachheit zu tragen.

Novalis

Kein Mensch muss müssen! Man ist niemandem in der Welt etwas schuldig, als sich selber.

Gotthold Ephraim Lessing

Den Puls des eigenen Herzens fühlen. Ruhe im Innern,
Ruhe im Äußern. Wieder Atem holen lernen, das ist es.

Christian Morgenstern

Das Leben ist bezaubernd, man muss
es nur durch die richtige Brille sehen.

Alexandre Dumas

Eines Tages, als einer von uns keine
schwarze Farbe mehr hatte, verwendete
er Blau. Der Impressionismus war geboren.

Auguste Renoir

Die höchste Form des Glücks ist ein Leben
mit einem gewissen Grad an Verrücktheit.

Erasmus von Rotterdam

Möglichst viel schweigen und dabei heiter bleiben.

Hugo von Hofmannsthal

Um ernst zu sein, genügt Dummheit, während zur Heiterkeit ein großer Verstand unerlässlich ist.

William Shakespeare

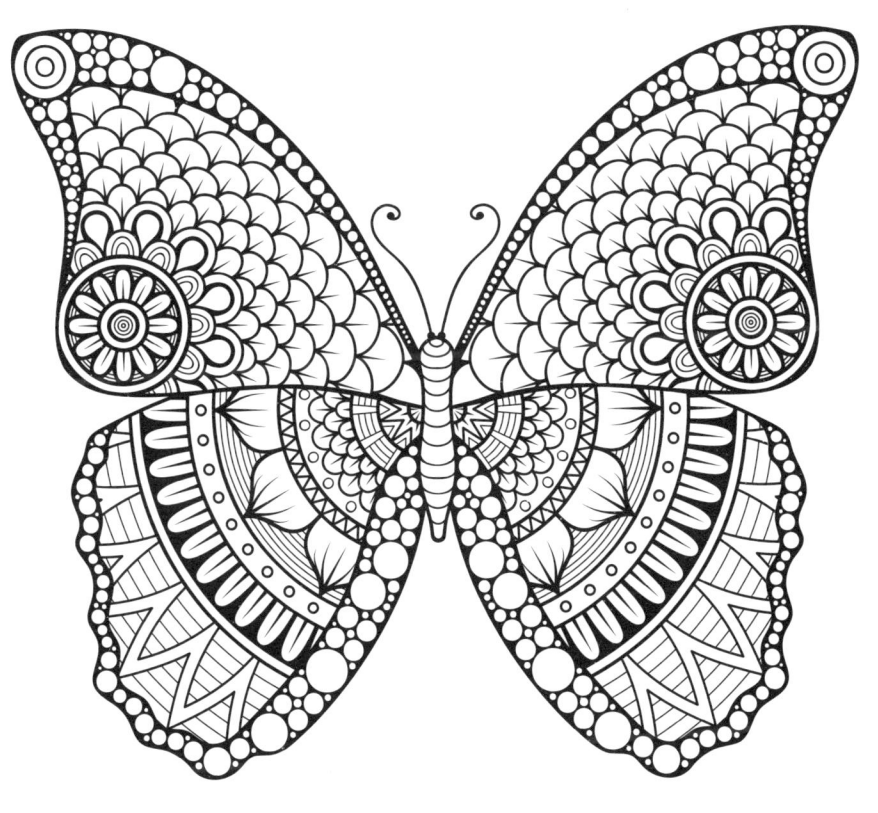

Sage mir, welches Gesicht du dem Unglück gezeigt hast, und ich werde dir sagen, wer du bist.

Napoleon Bonaparte

Es ist unerhört, was man mit der Zeit fertig bekommt, sobald man die Geduld hat, zu warten und sich nicht zu beeilen.

Jean Baptiste Henri Lacordaire

Was in der Welt
dir nicht gefällt,
musst du dir gelassen
gefallen lassen.

Paul Heyse

Das Echteste an jedem Menschen sind seine Fehler.

Michelangelo

Viele würden gern ein einfacheres Leben führen,
wenn der Weg dahin nicht so kompliziert wäre.

Justus Jonas der Ältere

Die Lust an der Kritik beraubt uns des Vergnügens, selbst von den schönsten Werken lebhaft ergriffen zu werden.

Jean de La Bruyère

Alles ist gut. Der Mensch ist unglücklich, weil er nicht weiß, dass er glücklich ist. Nur deshalb. Das ist alles, alles! Wer das erkennt, der wird gleich glücklich sein, sofort, im selben Augenblick.

Fjodor Michailowitsch Dostojewski

Mehr an den eigenen Fortschritten, weniger
an der Meinung anderer arbeiten!

Felix Mendelssohn Bartholdy

Die Leute, die nie lachen, sind keine ernsthaften Leute.

Alphonse Allais

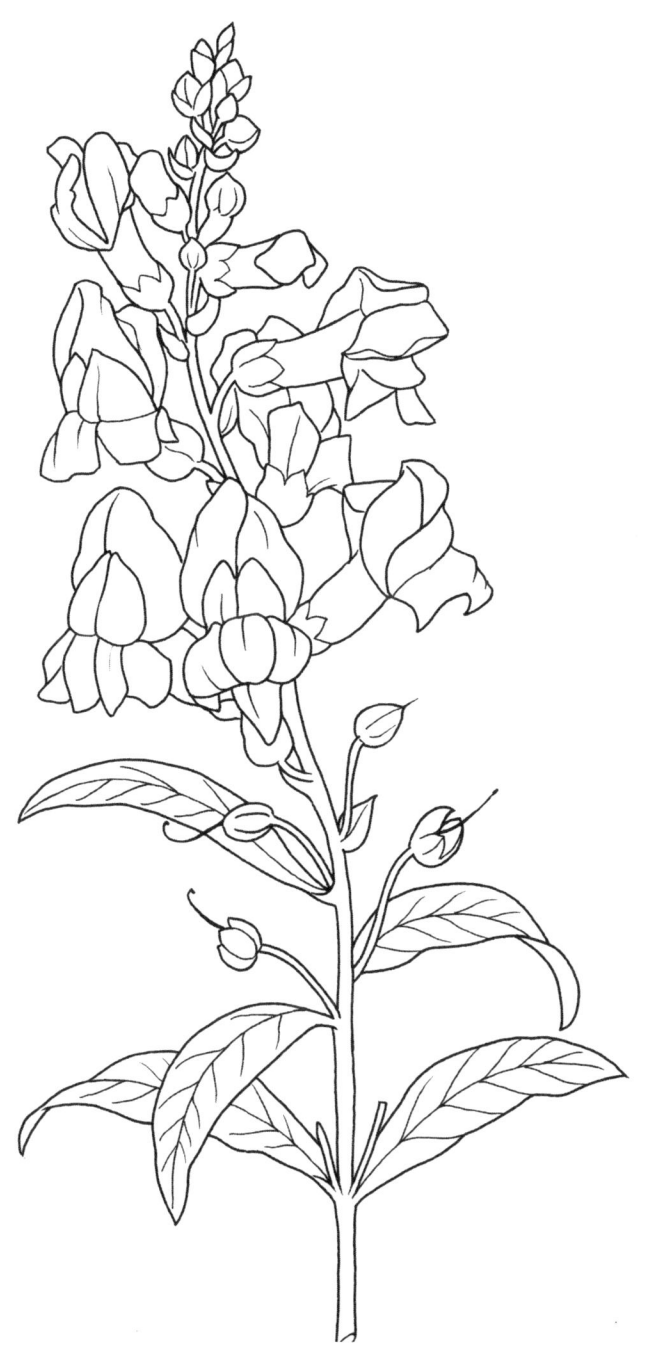

Wer nicht zufrieden ist mit dem, was er hat, der wäre auch nicht zufrieden mit dem, was er haben möchte.

Berthold Auerbach

Es führen viele Wege zum Gipfel eines Berges,
doch die Aussicht bleibt die gleiche.

Chinesisches Sprichwort

Auch das Chaos gruppiert sich um einen festen Punkt, sonst wäre es nicht einmal als Chaos da.

Arthur Schnitzler

Ein Mann von Genie, sobald er vom Schwierigen redet, meint bloß das Unmögliche.

Edgar Allan Poe

Ob mit dem Lorbeer oder dem Diadem geschmückt, immer werde ich meine Ruhe nur in meinem eigenen Herzen suchen.

Friedrich der Große

Eile: die Tüchtigkeit von Stümpern.

Ambrose Gwinnett Bierce

Siehe eine Sanduhr: Da läßt sich nichts durch Rütteln und Schütteln erreichen. Du mußt geduldig warten, Körnlein um Körnlein ...

Christian Morgenstern

Glück ist Selbstgenügsamkeit

Aristoteles

Eine Krise kann jeder Idiot haben.
Was uns zu schaffen macht, ist der Alltag.

Anton Pawlowitsch Tschechow

Alles kommt zu dem, der warten kann.

Chilenisches Sprichwort

Auch aus Steinen, die einem in den Weg gelegt werden, kann man Schönes bauen.

Johann Wolfgang von Goethe

Intelligenz ist jene Eigenschaft des Geistes, dank derer wir schließlich begreifen, dass alles unbegreiflich ist.

Èmile Picard

Geduld ist die Tugend der Glücklichen.

Baruch de Spinoza

Das Vergleichen ist das Ende des Glücks
und der Anfang der Unzufriedenheit.

Søren Kierkegaard

Wünsche sind nie klug. Das ist sogar das Beste an ihnen.

Charles Dickens

Wer zu lange gegen Drachen kämpft,
wird selbst zum Drachen.

August Strindberg

Wer zu schnell oder zu langsam liest, versteht nichts.

Blaise Pascal

Man muss es immer dahin bringen,
dass man zurückgewünscht wird.

Baltasar Gracián y Morales

Es geht eine große und ewige Schönheit durch
die ganze Welt, und diese ist gerecht über den
kleinen und großen Dingen verstreut.

Rainer Maria Rilke

Aber man muß das Leben nehmen, wie es ist.
Kommt nach Sturm und Regen nicht die Sonne –
kühler Vollmondschein hat auch seinen Wert.

Hermann Löns